Cynnwys

Diwrnod yn y ffair	2
Gwthio a thynnu: pwysau	4
Bod yn ddiogel ger y dŵr	6
Arnofio? Suddo?	8
Symud	10
Mynd i Pakistan	12
Faint o wahanol ffyrdd allwch chi symud?	14
Stopiwch!	16
Gwneud pethau'n haws eu codi	18
Anifeiliaid yn symud	20
Gwisgo	22
Mynegai	24

Diwrnod yn y ffair

Welwch chi:

Cydbwyso?

Arnofio?

Gwthio?

Llithro?

2

Gwthio a thynnu: pwysau

Beth sy'n digwydd yn y lluniau hyn, tybed?

Gawsoch chi eich pwyso rywbryd?

Mae plant a babanod yn cael eu pwyso i wneud yn siŵr eu bod yn magu pwysau a thyfu'n iawn.

Mae llawer o oedolion yng
Nghymru yn eu pwyso eu
hunain i wneud yn siŵr nad
ydyn nhw'n mynd yn rhy
drwm.

Mae gan siopwyr glorian i
bwyso ffrwythau a llysiau.

Allwch chi feddwl am bobl eraill
sy'n defnyddio clorian i bwyso?

Bod yn ddiogel ger y dŵr

Cyn i chi ddysgu nofio dylech wisgo rhywbeth i'ch helpu i arnofio yn y dŵr.

Gallech wisgo bandiau braich fel y rhain neu siaced ddiogelwch.

Bydd y rhain yn eich helpu i arnofio yn y dŵr.

Rhafftiau

Siacedi achub

Cychod achub

Cychod llawn aer

Cylchau

Rhag ofn i'r cwch fferi hwn suddo, mae yma lawer o bethau i helpu pobl arnofio.

Bydd y rhain yn helpu i gadw pobl yn ddiogel nes daw rhywun i'w hachub.

Cofiwch fod dŵr yn gallu bod yn beryglus iawn. Peidiwch â sefyll yn agos at yr ymyl.

Arnofio? Suddo?

Mae'r cwch hwn yn arnofio.   Pam mae'r cwch hwn yn suddo?

Mae Manon a Stuart yn arnofio ar y gwely
gwynt. Beth sy'n digwydd iddyn nhw?

Beth ddigwyddodd i'r bwced a'r het wedi iddyn
nhw ddisgyn i'r dŵr?

9

Symud

Sut mae'r plant hyn yn dal i symud?

Sut gall y plant hyn roi'r gorau i symud, tybed?

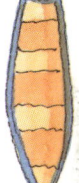

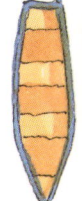

Meddyliwch am rai o'r gwahanol ffyrdd
rydych chi'n eu defnyddio i symud o le i le.

Mynd i Pakistan

Ychydig wythnosau yn ôl, dywedodd Mam a Dad y cawn i fynd gyda nhw i weld Taid a Nain yn Pakistan, nawr fy mod i'n saith oed. Roeddwn i wrth fy modd. Dechreuais feddwl am bopeth oedd i'w bacio. Roedd cymaint i'w ddangos i Nain a Taid – teganau, llyfrau a rhai o'm dillad newydd.

Prynodd Mam gês dillad newydd i mi, un ag olwynion ar y cefn.
'Paid â phacio gormod,' rhybuddiodd, 'achos fe fydd yn rhaid i ti gario'r cyfan dy hun.'
'Dim problem – mae olwynion ar y cês, fe fydd yn hawdd ei symud.'

O'r diwedd, daeth y diwrnod i fynd i'r maes awyr. Yn gyntaf, roedd yn rhaid i mi gario'r cês i lawr y grisiau. Bu bron i mi â syrthio i lawr y grisiau, roedd y cês mor drwm – allwch chi ddim defnyddio'r olwynion ar y grisiau. Aethom yn y tacsi i orsaf y trên tanddaear.

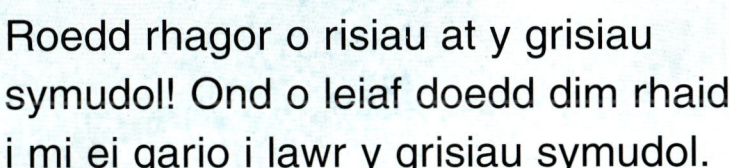

Roedd rhagor o risiau at y grisiau symudol! Ond o leiaf doedd dim rhaid i mi ei gario i lawr y grisiau symudol.

Yn y maes awyr, rhoddodd pawb eu cesys ar y troli. Roedd hynny'n gwneud bywyd yn haws!

Roedd yn rhaid i'r cesys gael eu llwytho ar yr awyren. Bu'n rhaid i ni godi'r cesys ar y glorian fesul un. Ar ôl eu pwyso, roedden nhw'n mynd ar felt symudol.

Ar ben arall y belt roedd pobl yn codi'r cesys, a'u rhoi ar dryc i'w gyrru at yr awyren. Yno roedden nhw'n defnyddio belt cludo arbennig i'w llwytho ar yr awyren.

Roeddwn i'n credu y byddai'r olwynion ar fy nghês yn helpu wrth ei symud, ond prin y gwnes i eu defnyddio. Eisteddais ar yr awyren yn meddwl am y gwahanol ffyrdd y cafodd fy nghês ei symud.

Faint o ffyrdd allwch chi eu cofio?

Faint o wahanol ffyrdd allwch chi symud?

Gallwch blygu i gyffwrdd
â bodiau eich traed.

Gallwch ymestyn yn
uchel, gan wneud eich
corff yn dal a syth.

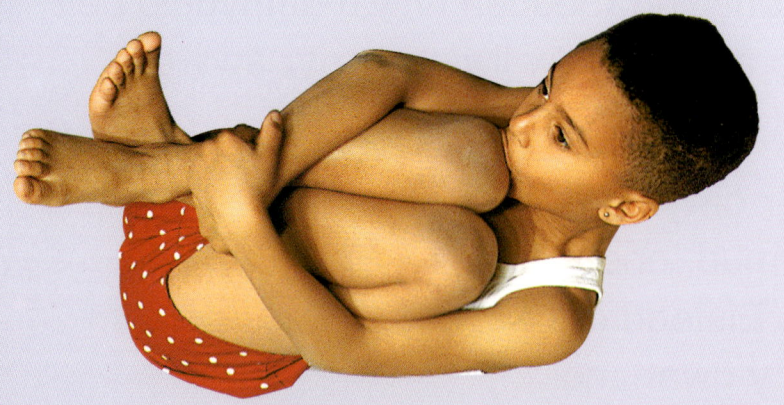

Gallwch gyrlio eich corff
yn siâp crwn.

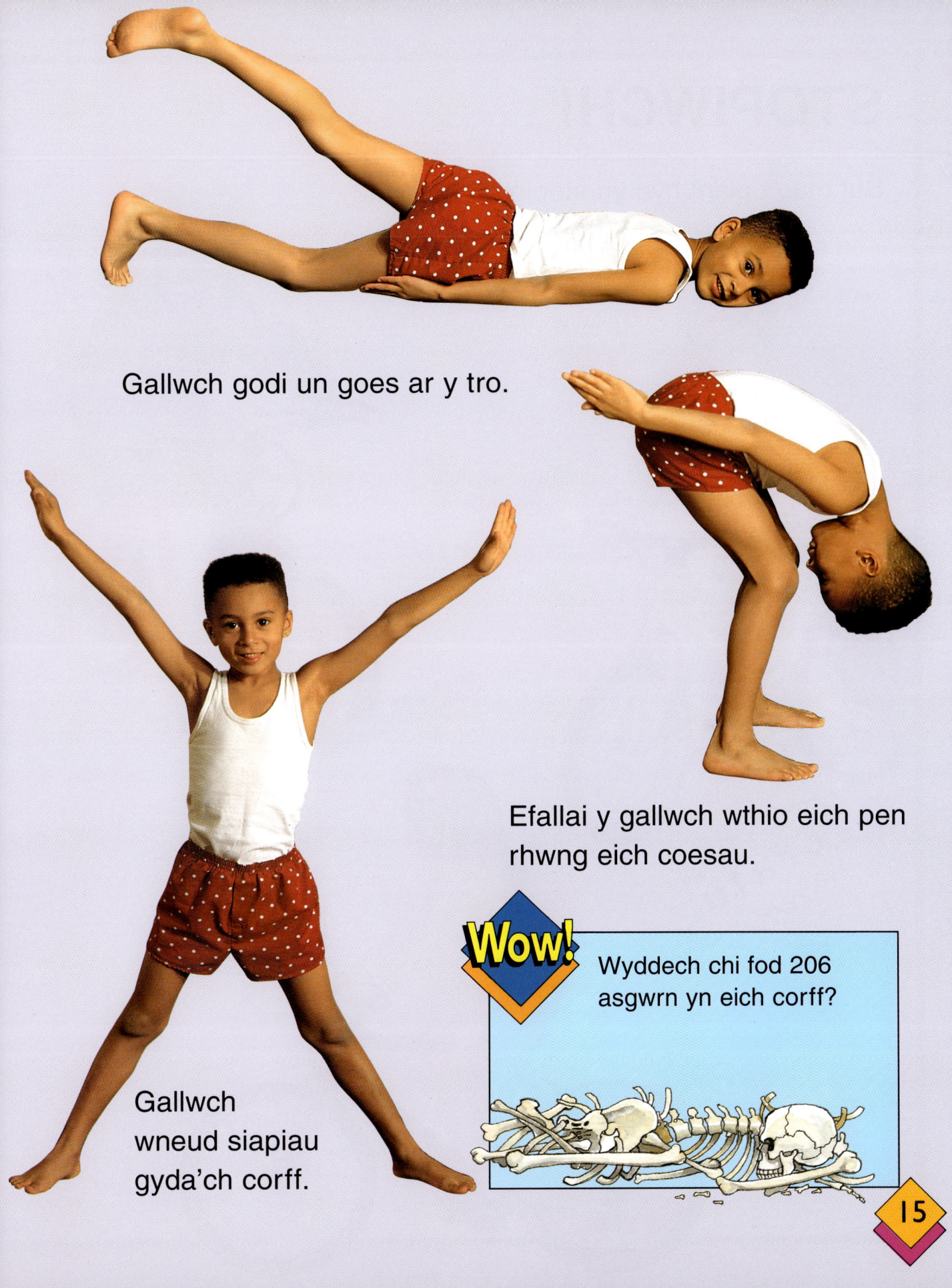

Gallwch godi un goes ar y tro.

Efallai y gallwch wthio eich pen
rhwng eich coesau.

Gallwch
wneud siapiau
gyda'ch corff.

Wow!

Wyddech chi fod 206
asgwrn yn eich corff?

15

STOPIWCH!

Sut mae'r plant hyn yn stopio eu beiciau?

Mae nifer o wahanol ffyrdd o
stopio pethau rhag symud.

Allwch chi feddwl am ffyrdd
eraill o stopio pethau symud?

17

Gwneud pethau'n haws eu codi

Dyma lwyth anodd iawn ei gario.
Mae'n llawer haws gyda handlen.

Os bydd yn rhaid i chi
gario rhywbeth trwm,
weithiau mae'n haws
ei gario ar eich cefn.

Allwch chi ddim codi eich Mam fel hyn:

Ond gallwch ei chodi wrth eistedd ar y si-so fel hyn:

Ydych chi erioed wedi ceisio codi un o'ch ffrindiau?

Mae'n llawer haws wrth i'r ddau ohonoch eistedd ar si-so.

Gallwch godi eich gilydd am yn ail.

Anifeiliaid yn symud

Mae gan yr anifeiliaid hyn siâp llyfn er mwyn symud yn gyflym trwy'r dŵr neu'r aer.

Bydd gwenoliaid yn hedfan yr holl ffordd o Affrica i Gymru bob haf. Maen nhw'n mynd yn ôl i Affrica yn yr hydref.

Mae'r tsita yn byw yn Affrica. Gall redeg dros 100 cilometr yr awr – ond am amser byr yn unig.

Gall y dolffin neidio allan o'r dŵr. Mae'n gallu nofio ar 40 cilometr yr awr!

Allwch chi ddyfalu i ba anifail y mae pob sgerbwd yn perthyn?

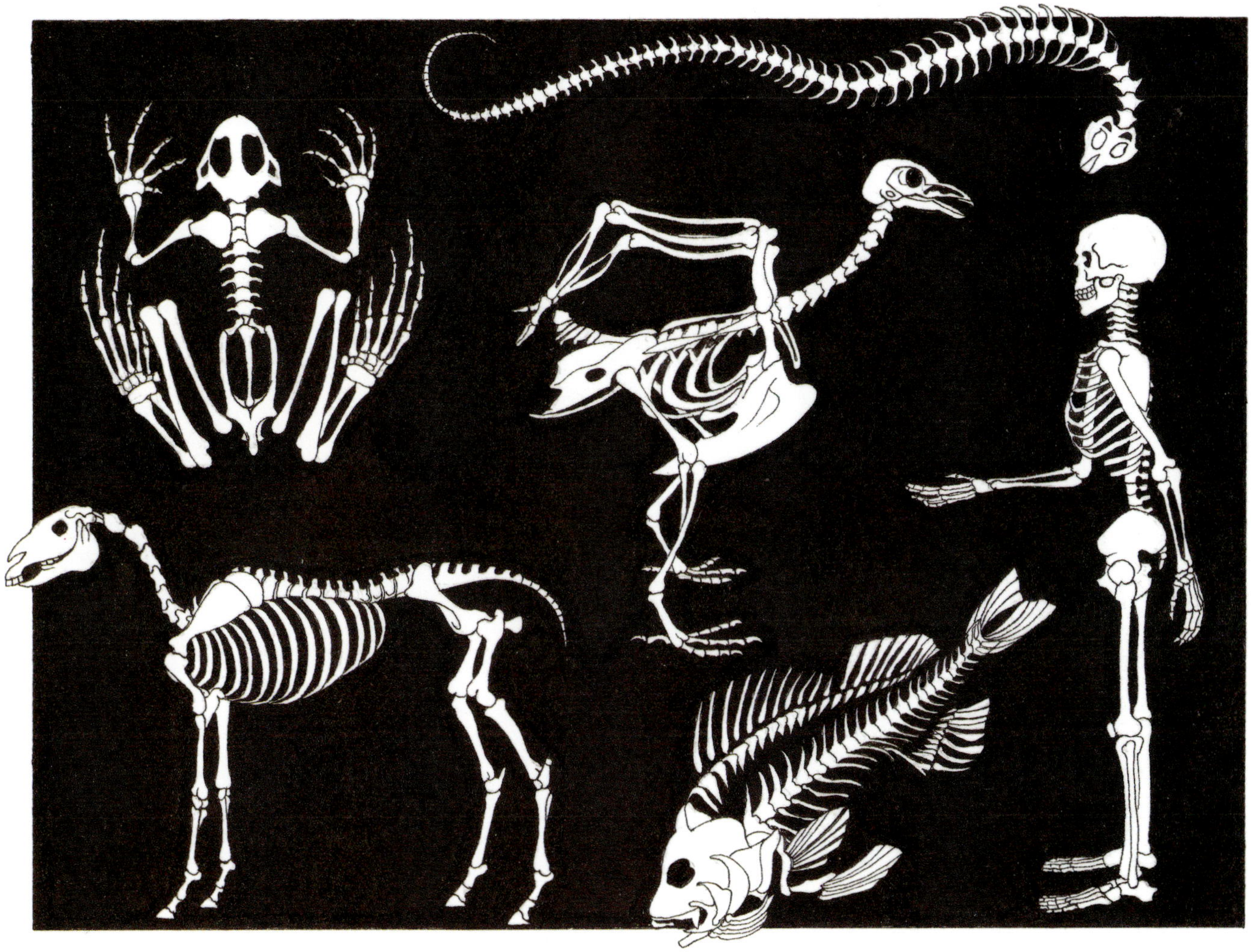

Tybed pa rai o'r anifeiliaid sy'n dda am:

Neidio

Rhedeg

Hedfan

Llithro

Nofio

21

Gwisgo

Sut rydych chi'n gwthio a thynnu
wrth wisgo yn y bore?

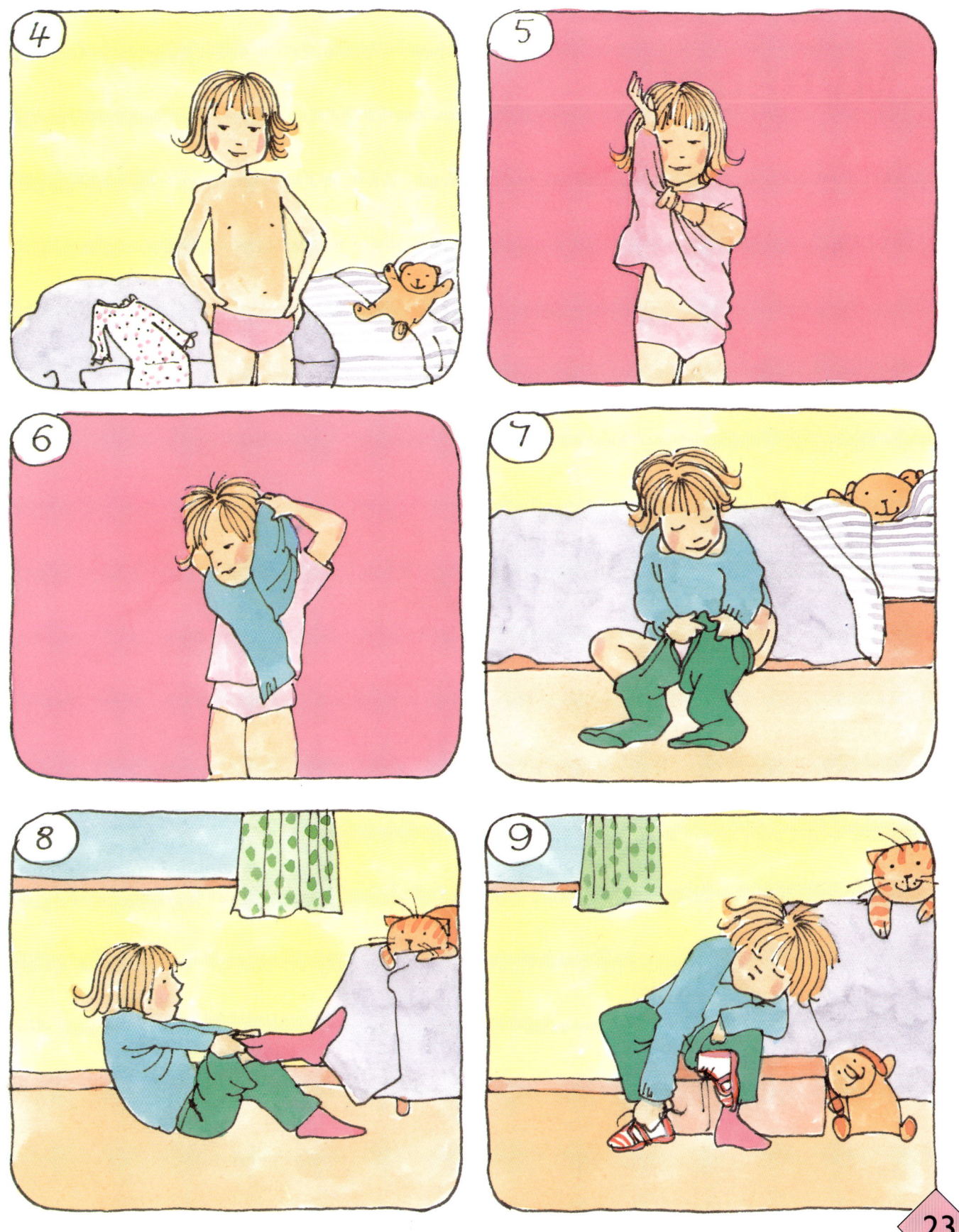

23

Mynegai

A

anifail 20-21

arnofio 6-7, 8-9

B

beic 16

C

cario 18

cês dillad 12

clorian 4-5, 13

codi pethau 18-19

cwch fferi 7

D

dolffin 20

dŵr 6-7, 8-9

FF

ffair 2

G

gwennol 20

gwisgo 22

gwthio a thynnu 22

M

maes awyr 12-13

N

nofio 6

O

olwynion 12-13

P

pwyso 4-5, 13

S

sgerbwd 21

si-so 19

stopio 16-17

suddo 8-9

symud 10, 14, 20

T

trwm 12, 18

tsita 20